3092

RÉFLEXIONS D'UN INFIRMIER
DE L'HOSPICE   DE LA PITIÉ
SUR LE   DRAME
DE HER   NANI.

PRIX :   1 FR. 50 C.

Yf 12846

Victor Hugo des-cends jusques à nous !....
Non, dit Victor Hu-go, tombez à g'noux.

Y4

REFLEXIONS

D'UN INFIRMIER DE L'HOSPICE DE LA PITIÉ

SUR LE DRAME

D'HERNANI,

DE M. VICTOR HUGO.

PARIS,

ROY-TERRY, ÉDITEUR,

PALAIS-ROYAL, GALERIE DE VALLOIS, N° 185.

1830.

PARIS , IMPRIMERIE DE COSSON,
Rue Saint-Germain-des-Prés , n. 9.

RÉFLEXIONS
D'UN INFIRMIER DE L'HOSPICE DE LA PITIÉ
SUR LE DRAME
D'HERNANI.

Les nuits sont longues... Mes malades m'empêchent de dormir... Un brave homme, à qui M. Lisfranc vient de faire un nez très-proprement, aux dépens de la peau de son front, m'a prêté *Hernani*, qu'il a acheté pour la somme et bagatelle de six francs. Ce n'est pas cher! cent cinquante-quatre pages, couverture imprimée, préface, post-face, et seize pages de catalogue!... foi d'infirmier, ce n'est pas cher. Je crois cependant que si le numéro 14 eût eu son nez natal, il aurait encore ses six francs; mais cela ne me regarde pas. *Donc*, je veux faire part au public de mes réflexions à l'endroit dudit drame. Puisse-t-il dire que, si elles sont d'un infirmier, elles ne sont pas d'un infirme!

Je ne dirai rien de l'avant-propos; c'est un petit chef-d'œuvre de modestie : d'ailleurs, il y est question de M. Dovalle; respect aux morts.

ACTE PREMIER.

SCÈNE PREMIÈRE.

Don Carlos entre, vêtu d'un riche costume à la mode de 1519; or il n'est empereur d'Allemagne qu'au quatrième acte, et j'ai lu quelque part qu'il fut élu en 1518. Je prierai M. Victor Hugo de nous

expliquer cela dans la deuxième ou troisième édition de son drame.

Dona Josefa regarde don Carlos sous le nez (un
nez naturel, ma foi!), recule et lui dit :

Quoi! seigneur Hernani, ce n'est pas vous ?

Si, lorsque je me présente au lit d'un malade, à six
heures du matin, un pot de tisane à la main, il me disait en me regardant sous le nez, mais sans reculer :

Quoi! Guillaume-le-Roux, ce n'est pas vous?

je crois que mon pot de tisane me tomberait des
mains. Quoi qu'il en soit, rien ne tombe des mains
de don Carlos ; mais il dit à la duègne :

Suis-je chez dona Sol, fiancée au vieux duc
De Pastrana, son oncle, un bon seigneur, caduc,
Vénérable et jaloux? dites. La belle adore
Un cavalier sans barbe et sans moustache encore,
Et reçoit, tous les soirs, malgré les envieux,
Le jeune amant sans barbe, à la barbe du vieux.

Je n'ai pu résister au plaisir de copier ces six vers,
comme un modèle d'interrogation, à l'usage de ceux
qui ne sont pas pressés. Notre barbier m'a demandé
copie du dernier vers.

DONA JOSEFA.

Vous m'avez défendu de dire deux mots, maître.

DON CARLOS.

Aussi n'en veux-je qu'un. — Oui, non.

Je veux ne boire que de la tisane toute ma vie, s'il
ne fallait pas oui ou non.

DON CARLOS.

Ta dame est bien
Dona Sol de Silva? Parle.

DONA JOSEFA.

Oui; pourquoi ?

DON CARLOS.

Pour rien.

Je crois que la pièce pourrait finir ici, à la rigueur.
Heureusement M. Victor Hugo ne l'a pas jugé à propos.

DON CARLOS.

Sans doute elle attend son jeune... ?

DONA JOSEFA.

Oui.

DON CARLOS.

Que je meure !

DONA JOSEFA.

Oui.

J'ai cherché inutilement dans toute la pièce un mot
mieux placé que ce *oui*.

DON CARLOS, *examinant l'armoire*

Cette boîte !

DONA JOSEFA.

Va-t'en, si tu n'en veux pas.

C'est à prendre ou à laisser.

DON CARLOS, *rouvrant l'armoire.*

Si.

Je vous donne ma parole d'honneur que dona Josefa
a seule ouvert cette armoire, et je ne puis comprendre comment don Carlos peut la rouvrir.

DON CARLOS.

Serait-ce l'écurie où tu mets d'aventure
Le manche du balai qui te sert de monture ?

Nous autres infirmiers, nous disons : manche à balai ; mais,.... nous ne faisons pas de drames.

DONA JOSEFA, *joignant les mains avec scandale.*

J'ai prié notre aumônier de m'expliquer comment on

joignait les mains avec scandale ; il a pris le manche
du balai, et je cours encore. Au reste, je lui dirai
que j'ai lu Hernani en entier, et j'espère que ça me
comptera.

SCÈNE II.

Les mêmes. DONA SOL, puis HERNANI.

DONA SOL

Hernani devrait être ici.... Voici qu'il monte.

Lorsque les malades de ma salle *entendent mon pas*,
ils disent : Le voici qui monte; mais ils ne font pas
de drames.

Ouvre avant qu'il ne frappe, *et fais vite*, et sois prompte.

Comme le corps des infirmiers n'a pas encore été ap-
pelé aux représentations d'Hernani, je ne puis dire
si dona Josefa exécute de tous points les ordres de sa
maitresse; mais je ne le crois pas.

(Un poignard et un cor à sa ceinture.)

Si le cor est à sa ceinture, je présume que le poignard
est en bandoulière.

HERNANI

Et cette voix qui parle est votre voix.

Si la voix de dona Sol, qui parle, n'était pas la voix
de dona Sol, je ne sais de qui elle serait la voix; j'attendrai la deuxième édition.

HERNANI

Dites-moi, quand, la nuit, vous êtes endormie,
Calme, innocente et pure, etc.

Calme, je ne dis pas; mais je ne vois pas clairement
l'innocence et la pureté d'une jeune fille, fiancée, qui
reçoit la nuit un jeune homme, par un escalier dé-
robé; j'attendrai la deuxième édition.

DONA SOL, lui défaisant son manteau.

Je n'oserais proposer à quelqu'un de lui défaire son manteau.

Allons, donnez la cape et l'épée avec elle.

Un classique a dit :

> Prends ta cape et ton épée
> Et suis-moi en Galilée.

Je ne veux pas dire pour cela que M. Victor Hugo soit un plagiaire; puisse Hernani ne plus avoir bientôt que la cape et l'épée!

DONA SOL.

Comme vous êtes grand !

On nous a dit que M. Firmin, prenant la balle au bond, sollicitait la faveur de faire partie de l'expédition d'Alger, en qualité de tambour-major.

HERNANI.

> Et va , spectre glacé,
> Prendre une jeune fille ! O vieillard insensé !

Je préfère le *Tu l'as roulu, George Dandin*, d'un certain classique nommé Molière ; mais il ne faisait pas de drames.

HERNANI.

Il vient (le vieillard) dans nos amours se jeter sans frayeur.

Le chat du concierge s'est jeté l'autre jour dans mes jambes ; je n'ai pas entendu dire qu'il se soit jamais jeté dans les amours de personne.

HERNANI.

Je te cherchais partout, Carlos, roi des Castilles.

Ce vers fera un grand effet dans deux mois, si la gelée ne s'en mêle pas, et si. . . . .

HERNANI

Car les fils sont debout , et le duel continue.

J'en suis bien fâché , M. Victor ; mais votre vers a treize pieds bien comptés ; prenez-y garde à la deuxième édition.

HERNANI.

Il faut que j'en arrive à m'effrayer moi-même.

La grammaire exigerait :

Il faut que j'arrive à m'effrayer moi-même.

sauf un pléonasme.

Mais le vers n'aurait que onze pieds. Mais treize et onze font vingt-quatre ; la moitié de vingt-quatre est douze ; il n'y aurait trop rien à dire.

HERNANI

Riche homme d'Aragon.

Je trouvais que don Ruy de Silva , duc de Pastrana , comte et grand de Castille , avait bien assez de titres , sans être riche homme d'Aragon ; mais on m'a dit qu'abondance de biens....

HERNANI

Que votre front reluise entre les fronts royaux.

Un pauvre classique , nommé Jean Racine (enfoncé dernièrement), a dit dans une *comédie :*

J'obtiens lettres royaux , et je m'inscris en faux.

Je n'ai point trouvé de *fronts royaux* dans ses dra-mes , que l'on appelait des tragédies , dans ce temps-là ; aussi est-il enfoncé : n'en parlons plus.

HERNANI

Moi , je suis pauvre , et n'eus ,
Tout enfant , que les bois où je fuyais pieds nus.

Ceux qui ne seront pas contens de ces rimes-là se-ront bien difficiles.

N. B. Je pense que , s'il fuyait pieds nus, c'était sa faute ; à moins qu'il n'y eût pas de sabotiers dans ses bois ; la chose n'est pas impossible , mais ma remarque subsiste.

HERNANI.

Je n'ai reçu du ciel jaloux

(Je ne sais pas pourquoi.)

Que l'air, le jour et l'eau, la dot qu'il donne à tous.

Hernani oublie bien vite qu'il avait des bois ; il fait cependant tout ce qui dépend de lui pour que le bonhomme Ruy de Silva le sache. Un aveugle, à qui j'ai lu ces vers, prétend qu'il n'a reçu que les deux tiers de sa dot, et encore petitement, vu qu'il est asthmatique ; pour ce qui est de l'eau, j'espère qu'il n'en manquera pas , tant que je serai son infirmier.

HERNANI.

Et, s'il le faut ,

Me suivre où je suivrai mon père à l'échafaud !

DONA SOL.

Je vous suivrai.

Si l'on peut douter de l'innocence et de la pureté de dona Sol, on ne peut douter de sa résignation ; voilà la deuxième fois qu'elle répond , *je vous suivrai*, aux séduisantes propositions d'Hernani.

HERNANI.

Le duc est riche, grand, prospère.

Si je deviens infirmier en chef, j'aurai prospéré ; mais je ne croirai pas être prospère.

HERNANI.

Le duc n'a pas de tache au vieux nom de son père.
Le duc peut tout. Le duc vous offre, avec sa main ,
Trésors, titres, bonheur. . . . .

Voici le mot *duc* quatre fois en deux vers et demi.
Mon maître d'école nous disait quelquefois : *bis repe-*
tita placent ; je ne dis pas ; mais quatre !....

DONA SOL.

Hernani, n'allez pas sur mon audace étrange
Me blâmer.

Blâmer quelqu'un sur quelque chose !... Mon maître
d'école disait aussi quelquefois : *risum teneat*.

DONA SOL.

J'ai besoin de vous voir et de vous voir encore,
Et de vous voir toujours.

Ceci peut se chanter sur l'air : « Le luth heureux qui
chanta les amours, » d'Une Nuit de la garde natio-
nale, petit drame qui en valait bien un grand.

DONA SOL.
                Quand le bruit de vos pas

S'efface.

Un bruit qui s'efface !... *Risum....*

DONA SOL.
        Je suis absente de moi-même.

Risum.

HERNANI.

Ange.

DONA SOL.
        A minuit.

Nous savons à quoi nous en tenir pour les autres
heures.

HERNANI.
        Savez-vous qui je suis,

Maintenant ?

Si elle ne le sait pas, elle y met de la mauvaise vo-
lonté.

DON CARLOS.

Quand aurez-vous fini de conter votre histoire ?
Croyez-vous donc qu'on soit si bien dans une armoire ?

Je n'en sais rien; je n'ai pas l'habitude d'y élire domicile ; mais il me semble que, si don Carlos s'y trouvait trop mal, il ne tenait qu'à lui d'en sortir il y a long-temps. On me blâmera peut-être *sur* ce que j'emploie l'expression *il ne tenait qu'à lui* ; mais cela ne m'arrivera plus.

HERNANI, à don Carlos.

Que faisiez-vous là ?

DON CARLOS.

Moi, mais, à ce qu'il paraît,
Je ne chevauchais pas à travers la forêt.

Un gascon, caché dans une boîte de pendule, répondit à la même question : Jé mé proméne. Si l'on peut se promener dans une boîte de pendule, je ne vois pas pourquoi l'on ne pourrait pas chevaucher dans une armoire ; en établissant cette proportion :

Se promener : une boîte de pendule : : chevaucher : une armoire.

HERNANI

Qui raille après l'affront s'expose à faire rire.
Aussi son héritier...

J'ai cherché dans la note l'explication de ce vers et demi, et ne l'ai pas trouvée. Attendons la deuxième édition.

DON CARLOS.

Je veux connaître
Qui j'ai vu tant de fois entrer par la fenêtre, etc.

HERNANI

En honneur
Je vous ferai sortir par où j'entre, seigneur.

Si ce n'est pas là de la bonne plaisanterie, je ne m'y connais plus ; cependant je fréquente, autant que mes occupations me le permettent, un cousin de ma femme, lequel cousin a été vingt-cinq ans loustic dans un régiment allemand.

DON CARLOS.

Mais j'entendais très-mal et j'étouffais très-bien.

Don Carlos ne veut pas être en reste de bonne plaisanterie avec Hernani; mais je trouve Hernani plus fort, et mon cousin est de mon avis.

DON CARLOS.

Et puis je chiffonnais ma veste à la française.

Pour un roi qui se plaisait fort aux aventures nocturnes et aux estocades, ce scrupule est un peu minutieux.

HERNANI.

Ma dague aussi n'est pas à l'aise
Et veut sortir.

DON CARLOS, le saluant.

Monsieur, c'est comme il vous plaira.

Ceci vaut au moins le *je vous suivrai* de dona Sol.

HERNANI.

Je le garde, secret et fatal pour un autre
Qui doit un jour sentir, sous mon genou vainqueur,
Mon nom à son oreille et ma dague à son cœur.

Un genou vainqueur!... Sentir un nom à son oreille!... Je n'ai rien trouvé de semblable dans Corneille ni dans Racine; mais aussi ils sont enfoncés!...

(Les champions s'arrêtent, etc.)

Je vois bien que don Carlos et Hernani sont rivaux; je ne vois pas de qui ils sont les champions; jusqu'à présent ils ne me paraissent pas l'être du bon sens.

DONA JOSEFA, à dona Sol.

Madame! un coup inattendu!
C'est le duc qui revient.

Moi qui suis habitué, par état, à ne m'étonner de rien, je trouve très-étonnant que le duc se permette de revenir chez lui.

Saint Jacques monseigneur, tirez-nous de ce pas !

Pour parler comme les Espagnols, il faudrait :

Saint monseigneur saint Jacques, tirez-nous de ce pas !

Mais le vers aurait treize pieds. — Nous avons vu plus haut que M. Victor Hugo n'y tenait pas beaucoup. Nous en trouverons peut-être bientôt un qui n'en aura que onze, et M. Azaïs dira : Qu'avez-vous à dire ? Rien....

DOÑA SOL.
Je suis morte.

C'est trop tôt ou trop tard. Je ne donne pas ce mot comme étant de moi ; il a été adressé il y a long-temps à un particulier très-connu dans Paris.

SCÈNE III.

Les mêmes. DON RUY GOMEZ DE SILVA.

DON RUY.

Nous sommes trois chez vous ! C'est trop de deux, Madame.

Je n'ai rien trouvé de plus exact dans Barème.

DON RUY.

Faisaient agenouiller leur amour aux églises.

Cela veut dire, je crois, que les églises agenouillaient leur amour. Odry, pends-toi.

DON RUY.

J'affirme que le Cid, cet aïeul de nous tous.

Il paraît que le Cid était fort occupé de son temps.

DON RUY.

Souffleté leur blason du plat de son épée.

Souffleter un blason !.... Je me souffleterais volontiers du plat de ma main, de ne pas pouvoir faire des vers comme celui-là.

DON RUY.

Ce n'est pas vous du moins qui rirez !

Moi, infirmier, j'aurais cru devoir dire : Ce ne sera pas vous du moins qui rirez.

DON RUY.

Et doit
Bientôt changer sa bague à l'anneau de mon doigt.

Tout en admirant la richesse de la rime, je suis forcé d'avouer que je n'ai jamais entendu dire : Changer une chose à une autre ; cela viendra peut-être.

DON RUY.

Je ne puis l'essayer
Sans qu'un larron d'honneur se glisse à mon foyer.

Nous avons entendu Hernani dire à dona Sol qu'il brûlait ; d'où je serais tenté de conclure qu'il avait envie de se glisser ailleurs qu'au foyer ; honni soit qui mal y pense.

DON RUY.

Arrachez mes cheveux, faites-en chose vile.

Je ne sais pas trop ce que l'on peut faire de vil avec les cheveux blancs d'un grand d'Espagne.

DON CARLOS.

Bon père,
Je t'ai fait gouverneur du château de Figuière ;
Mais qui dois-je à présent faire ton gouverneur ?

On ne plaisante pas avec plus de grâce, et il paraît que don Carlos tient beaucoup à ce que don Ruy soit quelque chose de sa façon.

DON CARLOS.

Ils ont choisi, je crois, Aix-la-Chapelle, ou Spire,
Ou Francfort.

Comment les électeurs d'empire (pour de l'empire) peuvent-ils avoir choisi trois villes pour s'y ras-
sembler? j'aurais mis, moi infirmier :

Ils choisiront, je crois, etc.

DON RUY.

Notre roi, dont Dieu garde les jours,
N'a-t-il pensé jamais à l'empire?

DON CARLOS.

Toujours.

Ceci me rappelle ce bon cent-suisse à qui Louis XV
disait un jour : Combien mangeriez-vous de quar-
tiers de veau? Tant. De poulets? Tant. De perdrix?
Tant. Et d'alouettes? Toujours. Comme les beaux
esprits se rencontrent !

DON RUY.

Celui qui vient de choir de la pourpre au linceul.

Gilbert a dit :

Tomba de chute en chute au trône académique.

J'avoue que je suis assez infirme pour préférer le
vers de Gilbert à celui de M. Victor Hugo. Je doute
cependant que Gilbert eût fait un drame comme Hernani ; aussi ne parle-t-on plus guère de lui qu'à l'Hô-
tel-Dieu.

DON RUY.

Hélas ! seul je surnage
D'un siècle tout entier.

Ceci pourrait faire croire que don Ruy a cent ans;
il faut convenir qu'il est encore vert.

DON CARLOS.

Crois-tu que François puisse avoir quelque espérance?

DON RUY.

C'est un victorieux.

Comme qui dirait : c'est un ambitieux, c'est un intrigant, c'est un avare, etc.

DON RUY.

Votre altesse

Sait-elle le latin?

DON CARLOS.

Mal.

DON RUY.

Tant pis.

Don Ruy n'a jamais rien dit d'aussi judicieux. C'est vraiment tant pis que don Carlos ne sache pas le latin, sachant si mal le français. J'aime à croire qu'il sait bien l'espagnol.

DON CARLOS.

Il importe peu, croyez-en le roi Charle, Quand la voix parle haut, quelle langue elle parle.

A ce compte-là je ne connais point de voix plus intelligible que celle d'un canon de quarante-huit.

DON RUY.

Donnez-vous aussi l'ordre au chef qui la commande De se laisser faire?

On punirait un écolier de sixième, s'il disait : Je me suis laissé dire.

DON CARLOS.

Mais le roi don Carlos répugne aux trahisons.

Je n'ai jamais entendu dire, répugner à quelque chose; mais nous savons que don Carlos parle français comme.... un Espagnol.

(Le duc précédant le roi, une cire à la main.)

Une cire à la main; l'expression est neuve. L'auteur eût pu mettre : un rat de cave à la main; mais c'eût été trop classique.

SCÈNE IV.

HERNANI, seul.

Mon cœur pour elle et toi n'était pas assez large.

C'est ce que don Carlos disait de l'armoire.

HERNANI.

Mon amour fait pencher la balance incertaine,
Et tombe tout entier du côté de la haine.

Nous avions le galimatias simple, et le galimatias
double; comment nommera-t-on celui-ci?

HERNANI.

Jamais, seigneur, baisant ton ombre.

Mon aveugle m'a demandé comment on s'y prenait
pour baiser une ombre; je lui ai répondu par ces
vers si connus :

> J'ai vu l'ombre d'une brosse
> Qui brossait l'ombre d'un carrosse, etc.

HERNANI.

C'est tout ce qu'un poignard, furieux et vainqueur,
En y fouillant long-temps, peut prendre dans un cœur.

Cette idée est gracieuse; elle me fait croire que
M. Victor Hugo a manqué sa vocation. Il devrait écrire
des élégies; il laisserait bientôt loin de lui les Parni,
les Bertin et autres perruques de ce poil-là.

HERNANI.

Va devant, je te suis.

Qui ne connaît cette romance, qui commence ainsi :

> Quand les poules vont aux champs,
> La première va devant, etc.?

HERNANI.

La nuit, tu ne pourras tourner les yeux, ô roi,
Sans voir mes yeux ardens luire derrière toi.

Si Hernani est derrière don Carlos et que ledit don

Carlos se retourne, Hernani ne sera plus alors derrière don Carlos , et les yeux ardens d'Hernani luiront
alors devant don Carlos ; *ô altitudo!....*

Je recommande ce petit monologue à tous les fai-
seurs de drames comme un modèle dans lequel la
grâce de l'expression le dispute à la profondeur des
pensées.

ACTE II.

SCÈNE PREMIÈRE.

DON CARLOS.

Assez !

Bien ! (*à Ricardo*) J'ai laissé tomber ce titre... Ramassez.

Quel style noble ! Je gagerais que M. Hugo avait au
bout de la langue le mot *pille*, qui eût été parfaite-
ment à sa place ; mais il fallait rimer avec *assez*. Mau-
dite rime ! quand seras-tu enfoncée ?....

DON MATHIAS.

On garde les bâtards pour les pays conquis ,
On les fait vice-rois. C'est à cela qu'ils servent.

Voulez-vous faire un vice-roi, prenez un bâtard ,
et servez chaud.

(Don Carlos regarde , avec colère, toutes les fenêtres éclairées.)

Un roi qui ne sait ni le latin ni le français, qui aime
les aventures nocturnes et les grandes estocades ,
doit être essentiellement ennemi des lumières.

DON CARLOS.

Dirait-on pas des yeux jaloux (Parlant des fenêtres.) qui nous
observent?

On disait à un ivrogne : Si vous ne cessez de boire ,
vous perdrez les yeux ; il répondit (sans lanterner) :
Si je cesse de boire, je mourrai ; périssent les fené-

tres, et conservons la maison. Je gagerais que M. Victor Hugo connaissait cette repartie. Au reste, Virgile ne se faisait faute de piller le bonhomme Ennius.

DON CARLOS.

Qui fera marcher l'heure avec plus de vitesse ?

DON SANCHEZ.

C'est ce que nous disons souvent chez votre altesse.

La civilité puérile et honnête parut, je crois, au commencement du siècle dernier. Don Sanchez est excusable de ne pas l'avoir lue en 1519.

DON CARLOS.
(Tourné vers le balcon de dona Sol , toujours noir.)

Une faute d'impression ici serait bien piquante pour dona Sol.

O vitrage maudit !

Quand t'allumeras-tu ?

Quand les poules auront des dents.

DON CARLOS.

Il faut frapper des mains trois fois.

Les amis de l'auteur ne se contentent pas de si peu de chose.

DON CARLOS.

Tenez, à moi la dame , à vous
Le brigand.

DON RICARDO.

Grand merci.

Il n'y a pas de quoi.

DON CARLOS, à part.

Poussez au drôle une estocade.

On avait bien dit que don Carlos aimait les estocades ; on n'en peut plus douter.

2

SCÈNE II.

DON CARLOS, DONA SOL.

DON CARLOS.

Ce n'est pas ton bandit qui te tient ; c'est le roi.

La différence n'est pas grande pour le quart d'heure.

DONA SOL.

Non ! le bandit, c'est vous !

Dona Sol a raison, et je vois avec plaisir que j'étais de son avis, avant qu'elle fit cette réponse si juste et si précise.

DONA SOL.

Ah ! pour vous au visage une rougeur me monte.

Il faudrait, sauf erreur, la rougeur me monte.

DONA SOL.

Trop pour la favorite et trop peu pour l'épouse.

Plagiat, s'il en fut.

DONA SOL.

Partageant jour à jour sa pauvre destinée,
Abandon, guerre, exil, deuil, misère et terreur.

Ouf ! quand aura-t-elle tout partagé ?

Que d'être impératrice avec un empereur.

Fin de couplet à ajouter à la chanson de M. de La Palisse.

DON CARLOS.

Donc, vous me haïssez ?

DONA SOL.

Je ne vous aime pas.

Dona Sol est plus honnête que don Sanchez ; elle avait un pressentiment de la civilité puérile et honête.

DONA SOL.

Ah ! vous avez Castille, Aragon et Navarre,
Et Murcie, et Léon, dix royaumes encor, etc.

Dona Sol n'est pas forte sur la géographie ; car Castille, Aragon, Navarre, Murcie, Léon, avec dix autres royaumes, feraient quinze royaumes, et tout le
monde sait que l'Espagne n'en compte que quatorze.

DONA SOL.

Si vaste que jamais le soleil ne s'y couche.

Aussi dona Sol (dont le nom signifie soleil) est passablement éveillée.

DON CARLOS.

Je te donne, choisis.... quatre de mes Espagnes.

Entendons-nous ; j'ai bien dit qu'il y avait quatorze
royaumes en Espagne ; mais je n'ai pas dit qu'il y eût
quatre Espagnes ; il faudrait avoir bu autre chose que
de la tisane.

DONA SOL.

Un pas, tout est fini.

Un malin de la chambrée a proposé cette variante :

Un seul pas, N-I-Ni.

Je serais assez de son avis, en proposant aussi de
remplacer le mot *fin*, qui est éminemment classique,
par les monosyllabes n-i-ni.

DON CARLOS.

Madame, à cet excès ma douleur est réduite.

Il faudrait : par cet excès.

J'ai là pour vous forcer trois hommes de ma suite.

Ce pauvre don Carlos connaît la liberté individuelle
à peu près comme la grammaire et comme la poli-
tesse. Il est vrai qu'en 1519, avant qu'il fût empereur d'Allemagne, quoiqu'il le fût depuis 1518, on
donnait beaucoup dans le régime absolu. Un de nos
malades, lecteur assidu de la Quotidienne, prétend...
Mais n'oublions pas que je suis infirmier, et que

Ce ne sont pas là mes affaires.

SCÈNE III.

DONA SOL, DON CARLOS, HERNANI.

HERNANI (*surgissant tout à coup derrière lui*).

Je serais cent ans infirmier avant de comprendre comment Hernani s'arrange pour surgir derrière lui. Prenez-y garde, monsieur Victor Hugo ; ceci est capable de confondre toutes les intelligences des directeurs de province, et d'empêcher votre drame d'y obtenir le succès de vogue qu'il obtient tous les soirs rue de Richelieu.

HERNANI.

Vous en oubliez un.

C'est faux ; je vous jure que don Carlos n'a envoyé dans l'ombre que trois hommes, qui sont.... On me dispensera, j'espère, de répéter leurs noms.

DON CARLOS.

Que font donc mes amis par la ville ?
Avoir laissé passer ce chef de bohémiens !

Voilà, il faut en convenir, une ellipse admirable ; il est bien dommage qu'il n'y ait rien de classique comme une ellipse.

HERNANI.

Pour trois qui vous viendraient, il m'en viendrait soixante.

La partie n'est pas égale.

Soixante dont un seul vous vaut tous quatre.

C'est absolument comme s'ils venaient au nombre de deux cent quarante ; la partie n'est vraiment pas tenable, et je trouve Hernani bien généreux de proposer à don Carlos de vider leur querelle entre eux deux. Où diable la générosité va-t-elle se nicher?

HERNANI.

Seigneur roi de Castille.

C'est comme si l'on disait au roi de France : Seigneur roi de Berri , ou d'Anjou , etc.

HERNANI.

Ma colère va haut et me monte à sa taille.

Dona Sol a dit précédemment à Hernani : Comme vous êtes grand ! Il n'a donc pas besoin de se mettre en colère , pour se monter à la taille de don Carlos....

HERNANI.

Vous avez pris mon titre et mon bien.

Le bien , c'est possible ; mais à moins que Hernani fût roi d'Espagne avant don Carlos , je ne vois pas comment on a pu lui prendre son titre. J'espère que M. Hugo expliquera ceci dans la deuxième édition.

HERNANI.

Je te tiens et t'assiége.

Assiéger un homme ! l'expression est neuve.

HERNANI, à don Carlos (après avoir brisé la lame de son épée).

Comme il convient à un brave brigand , qui ne veut pas assassiner son roi.

Va-t-en donc.

DON CARLOS.

Va-t-en.

Les voilà quittes.

Le reste de cette scène échappe à l'analyse ; mais on est obligé de convenir que don Carlos et Hernani y font assaut de naïveté et de bonhomie.

SCÈNE IV.

HERNANI, DONA SOL.

HERNANI

Ses seigneurs, ses bourreaux.

Le rapprochement est heureux !...

HERNANI.

J'ai bien pu vous offrir, moi, pauvre misérable,
Ma montagne, mon bois, mon torrent...

Je ne sais pas positivement ce que peut rapporter
un torrent; mais si j'avais une montagne et un bois,
si petits qu'ils fussent, je ne me regarderais pas
comme trop misérable.

HERNANI.

Traînant au flanc

Un souci profond.

Traîner au flanc un souci ! O misérables perruques
du siècle de Louis XIV, eussiez-vous jamais rencon-
tré une expression semblable?

HERNANI.

Des flammes de tes yeux inonde mes paupières.

Si l'on inonde avec des flammes, que fera-t-on
avec de l'eau? Je m'y perds.

HERNANI.

De sentir qu'on vous aime à genoux.

Tout le monde ne se contenterait pas d'être aimé à
genoux; mais Hernani nous a prouvé plus d'une fois
qu'il n'était pas difficile.

HERNANI

D'être deux? d'être seuls?

M. de La Palice eût évité cette façon de parler, un
peu amphibologique.

DONA SOL.

Fuyons par cette porte ouverte.

Tant mieux ! il ne sera pas nécessaire de l'enfoncer ; c'est bien assez d'avoir si méchamment enfoncé ce pauvre M. de Racine ; chaque fois que j'y pense, *la flamme de la compassion inonde ma paupière.*

DONA SOL.

Ces clameurs
Me brisent.

Il est clair qu'il y a ici quelque chose de sous-entendu ; et après y avoir long-temps réfléchi, je crois que ce doit être le mot tympan.

   Ici finit le second acte, et je prie le lecteur de se reposer un peu, parce que nous allons nous transporter dans les montagnes de l'Aragon, au château de don Ruy, que nous avons un peu négligé ; mais soyez tranquille, il n'y perdra rien.

ACTE III.

(Entre chaque portrait une panoplie complète.)

Une panoplie est une armure complète ; donc c'est comme si on disait : une armure complète complète ; pour Dieu ! M. Victor Hugo, parlez français si vous pouvez, et laissez les mots grecs aux classiques.

(Toutes ces armures de siècles différens.)

S'il y a seulement trente portraits dans la galerie, la plus ancienne des armures avait (selon Barème) trois mille ans d'existence ; et comme il est question dans la pièce de 1519, elle existait quinze cents ans avant Jésus-Christ. Peu de particuliers, peu de souverains même, pourraient se flatter de posséder de pareilles panoplies.

Pour donner au lecteur une idée des platitudes que débite don Ruy Gomez à dona Sol, il faudrait copier la scène entière; je n'en ai pas le courage.

SCÈNE II.

DON RUY GOMEZ, LE PAGE.

DON RUY, au Page.

Cours vite.

Je ne sais comment ce page ferait pour courir, s'il n'allait pas vite. Je n'ai trouvé que cela à reprendre dans cette scène, composée de six vers moins trois syllabes.

SCÈNE III.

DON RUY GOMEZ, HERNANI.

HERNANI.

Monseigneur,

Paix et bonheur à vous.

DON RUY.

A toi paix et bonheur.

Madame Jourdain n'eût pas mieux répondu.

DON RUY.

Le chef, le hernani.

Il paraît que *Hernani*, en espagnol, signifie chef de brigands, et que c'est sous ce nom générique que don Juan d'Aragon avait jugé à propos de se cacher. Ne sachant pas l'espagnol, je soumets humblement cette observation à M. Victor Hugo.

HERNANI.

Oui, je veux voir briller les flambeaux et les cires,
Voir Notre-Dame au fond du sombre corridor,
Luire en sa châsse ardente, avec sa chappe d'or,
Et puis m'en retourner.

Désirer voir Notre-Dame avec sa chappe d'or est bien

naturel à un chef de brigands ; il est probable que son intention n'est pas de s'en retourner les mains vides.

SCÈNE IV.

DON RUY, HERNANI, DONA SOL.

DON RUY.

Ma belle mariée

Venez.

Dulciter, don Ruy Gomez ; elle ne l'est pas encore.

Ne désirant m'occuper que du style de Hernani, je n'insisterai pas sur l'invraisemblance de cette scène, dans laquelle Hernani se fait connaître à don Ruy et à ses valets sans aucun motif. Je ne parlerai pas davantage de la bonhomie de don Ruy, qui sort et laisse Hernani avec dona Sol ; jamais Cassandre n'a mieux fait. J'ai parlé d'invraisemblance, parce que je tiens à ce que l'on sache que j'ai lu ma civilité puérile et honnête.

SCÈNE V.

HERNANI, DONA SOL.

HERNANI, examinant le coffret.

Sans doute tout est vrai, tout est bon, tout est beau.

Ici l'invraisemblance cesse, et nul chef de voleurs, dans l'exercice de ses fonctions, ne pourrait parler plus naturellement.

DONA SOL.

Vous n'allez pas au fond (du coffret).

Il serait curieux de voir Hernani aller au fond du coffret, lui à qui l'on a dit deux ou trois fois : Comme vous êtes grand !...

HERNANI.

Oh ! laisse qu'à genoux, dans tes yeux affligés, J'efface tous ces pleurs amers et pleins de charmes, etc.

Effacer à genoux des pleurs amers et pleins de charmes dans des yeux affligés! Entendez-vous, monsieur Racine? mettez-vous à genoux, et donnez-vous,
s'il vous plaît, la peine d'effacer *Phèdre* et *Athalie.*
Au reste, nous ne pourrons plus douter maintenant
de la riche taille de Hernani, puisqu'il parle d'essuyer à genoux les yeux de dona Sol.

HERNANI.

Oh! je voudrais savoir, ange au ciel réservé.

Joli petit ange! qui trompe son fiancé, qui cause in-
nocemment avec un chef de bandits, et qui parle
d'un poignard comme d'un eustache.

Cette scène se termine par un petit tableau qui re-
présente l'ange dona Sol dans les bras de son amant.
Elle y serait encore, si don Ruy n'arrivait à propos.

SCÈNE VI.

HERNANI, DON RUY, DONA SOL.

DON RUY (immobile et croisant les bras).

Je ne comprends pas bien comment on peut être immobile et croiser les bras.

Je passe en entier l'allocution de don Ruy; je dé-
sespérerais d'en faire sentir toute la niaiserie.

HERNANI.

J'ai du sang, tu feras très-bien de le verser,
D'essuyer ton épée et de n'y plus penser.

Quel malheur que don Ruy n'ait pas pris Hernani
au mot! je n'aurais pas encore deux mortels actes et
demi à éplucher; mais nous sommes en carême, et
j'espère que ce travail m'aidera à faire mes pâques.
Ainsi soit-il.

HERNANI.

Je suis coupable; mais sois tranquille, elle est pure.

Je ne dis pas que non ; mais si don Ruy veut bien le croire, il faut qu'il ait une foi bien robuste.

DONA SOL.

· Ah ! moi seule ai tout fait, car je l'aime.

Voilà un *car* qui est bien amené.

DONA SOL.

C'est le roi ! dernier coup !

Voici plusieurs fois que je me crois à la fin de la pièce, et je ne suis encore qu'à la moitié : prenons courage.

(Le portrait s'ouvre comme une porte.)

Je n'ai pas encore eu l'avantage de voir un portrait s'ouvrir comme une porte ; au surplus je trouve l'ex-pédient du tableau parlant bien plus original.

HERNANI.

Ma tête

Est à toi, livre-la, seigneur, je la tiens prête.

J'ignore comment on s'y prend pour tenir sa tête prête, quoique j'en aie tenu plusieurs, notamment celle du numéro 14, lorsque M. Lisfranc lui a fait un nez.

SCÈNE VII.

DON RUY GOMEZ, DONA SOL (voilée), DON CARLOS.

DON CARLOS

Et j'irai par les monts, de mes mains aguerries,
Dans leurs nids crénelés tuer les seigneuries !

Tuer les seigneuries ! qu'en dites-vous, messieurs les classiques? Vous penserez peut-être aussi que, Char-les-Quint étant né en 1500, il y a un peu de fanfa-ronnade à parler de ses mains aguerries en 1519; à moins qu'il n'entende par là les courses nocturnes et les grandes estocades qu'il aimait tant.

DON CARLOS.

Réponds, duc, ou je fais raser tes onze tours !

Ni plus, ni moins. Don Carlos a sans doute amené avec lui quelques pionniers ; j'espère qu'on aura soin de l'indiquer dans la deuxième édition.

DON CARLOS.

Des bandits morts il reste un chef.

Voilà un chef bien désœuvré.

DON CARLOS.

Je veux sa tête ou bien la tienne :
Entends-tu, mon cousin ?

On se passerait bien d'un cousin si exigeant.

DON REY (faisant l'explication du second portrait).

Il prit trois cents drapeaux, gagna trente batailles.

Voilà un terrible homme, qui prenait dix drapeaux, l'un dans l'autre, par bataille. Si le roi, son maître, avait seulement une douzaine de soldats comme celui-là, il devait avoir un assortiment de drapeaux très-*conséquent*.

DON REY (faisant l'explication du troisième portrait).

Près de lui Juan, son fils.

Ne se croirait-on pas dans les salons de Curtius? l'illusion est complète.

Quatrième portrait.
DON GASPAR, etc.

Cinquième portrait.
VASQUEZ.

(Gestes d'impatience du roi.)

Aisément cela se peut croire, etc.

DON RUY

J'en passe, et des meilleurs.

C'est bien aimable à lui.

DON RUY.

Il fit tailler en pierre un comte Alvar Giron,
Qu'à sa suite il traîna, etc.

M. Victor Hugo n'est pas heureux dans ses imitations. Roland traînant sa jument, qui n'a d'autre défaut que d'être morte, est bien plus plaisant.

DON CARLOS.

Duc, ton château me gêne et je le mettrai bas.

Style noble, suivant messieurs de la plume forte.

DON CARLOS.

Duc, j'en ferai raser les tours pour tant d'audace,
Et je ferai semer du chanvre sur la place.

Voilà une terrible besogne que don Carlos se donne au moment de partir pour la Flandre.

DON CARLOS.

Je suis le roi.

Ceci me paraît inutile à la marche de l'action, don Ruy n'ayant jamais paru en douter.

DON CARLOS.

Duc ! ou, tête et château, j'abattrai tout.

Si don Carlos eût vécu de nos jours, il est très-probable qu'il eût été un des plus forts actionnaires de la bande noire.

DON RUY

J'ai dit.

Laconisme bien méritoire dans un homme qui aime tant à parler.

DON CARLOS, et duc d'Alcala.

Jorge, arrêtez le duc !

Comme il est grandement question d'ancêtres dans cette scène, il m'est venu dans l'idée que ce Jorge pourrait bien être la souche de la famille des George Dandin.

DON CARLOS.

Grand Dieu ! que vois-je ? dona Sol.

Il est effectivement bien étonnant que dona Sol se permette de se trouver là.

DON CARLOS.

Pourtant j'obéirai.

Il m'a été impossible de trouver à quoi se rapporte *pourtant j'obéirai* ; on voudra peut-être bien nous le dire dans la deuxième édition.

DON CARLOS.

C'est bien ; je te fais grâce et suis meilleur que toi. J'emmène seulement ta nièce comme otage.

Il nous fera, je pense, l'honneur de nous dire en quoi don Carlos est meilleur que don Ruy ; je les trouve très-bons tous les deux.

(Dona Sol va au coffret, l'ouvre et y prend le poignard qu'elle cache dans son sein. Don Carlos va à elle et lui présente la main.)

DON CARLOS.

Qu'emportez-vous là ?

Je pense que M. Comte aurait bien de la peine à escamoter un poignard plus proprement.

DONA SOL.

Prince, un joyau précieux.

Nous avons vu déjà que dona Sol a un goût particulier pour les poignards.

DON CARLOS.

Ta nièce !

DON RUY.

Prends-la donc, et laisse-moi l'honneur.

Ce vers est beau, et doit faire de l'effet au théâtre ; nous allons voir s'il est possible que l'enthousiasme se soutienne long-temps.

DON CARLOS.

Adieu, duc !

DON RUY.

Au revoir.

La plume me tombe des mains.

SCÈNE VIII.

DON RUY, HERNANI.

HERNANI.

Je ne lui dirai rien. Tu seras là, mon père :
Tu me prendras après.

Touchante simplicité ! Je ne vois dans la Bible que le sacrifice d'Abraham qui puisse en approcher.

HERNANI.

Vieillard stupide !

Hernani s'éloigne un peu en cet endroit du style biblique, mais la passion l'emporte.

HERNANI.

Mais veux-tu

M'employer à venger ta nièce et sa vertu ?

La vertu de dona Sol !...

HERNANI.

Je te vengerai, duc, après tu me tueras !

Sublime !

DON RUY.

Alors comme aujourd'hui te laisseras-tu faire ?

Du sublime au ridicule il n'y a qu'un pas. Ces paroles connues sont tombées de ma plume malgré moi.

HERNANI, lui présentant le cor qu'il tire de sa ceinture.

Je parierais que c'était un cornet; un cor à la ceinture serait bien embarrassant pour un homme obligé, comme Hernani, de courir sur les monts, dans les bois et sur les grèves, ainsi qu'il s'est fait l'honneur de le dire précédemment à doña Sol.

HERNANI.

Viens, sonne de ce cor, et ne prends d'autres soins ;
Tout sera fait.

Ce cor était sans doute enchanté; mais je lui préfère celui dont parle l'Arioste.

DON RUY, aux portraits, et pour la clôture.
Vous tous, soyez témoins !

Un poëte classique a dit : Le zéphir fut témoin. C'est bien plat ?...

ACTE IV.

(L'œil se perd dans les arcades et les piliers qui s'entrecroisent dans l'ombre.)

Je défierais M. Victor Hugo d'expliquer comment des arcades et des piliers peuvent s'entrecroiser, même dans l'ombre. On ne peut pas être universel.

SCÈNE PREMIÈRE.

DON CARLOS, DON RICARDO.

DON RICARDO, n'a une.
C'est ici.

M. Madrolle, voyant don Ricardo tête nue dans le caveau, s'est écrié, m'a-t-on dit : Cet homme pourrait bien prendre mal; à quoi un mauvais plaisant

aurait répondu : Pas plus mal que la pièce. On dit
aussi qu'à cette réplique la colère des amis de l'auteur est allée très-haut. Je n'affirme rien ; je n'y étais
pas.

DON CARLOS.

C'est ici que la ligue s'assemble,
Que je vais les tenir dans ma main tous ensemble.

Hernani dit à don Carlos, acte 2, scène 3 :

Je t'ai là chétif et petit dans ma main.

On conviendra que cette main était bien chétive auprès de celle de don Carlos.

DON CARLOS.

Où Rodolphe extermina Lothaire.

Ah! Monsieur, c'est comme si vous disiez : où Rodolphe tua une armée.

DON CARLOS.

Je sais pourquoi le brave duc conspire :
Il veut un Allemand d'Allemagne à l'empire.

Il faut vraiment de la bravoure pour s'aviser de vou-
loir un Allemand d'Allemagne.

DON RICARDO.

On dit qu'il vous trouva chez madame Giron.
Un soir que vous veniez de le faire baron.
Il veut venger l'honneur de sa tendre compagne.

DON CARLOS.

C'est donc qu'il se révolte alors contre l'Espagne.

On sentira facilement le sel de cette plaisanterie; cela
veut dire, selon moi, pauvre infirmier, que madame
Giron était une propriété communale. S'il existe
quelques descendans de cette noble famille, ils doi-
vent des remercimens à M. Hugo.

3

Le révérend Vasquez, évêque d'Avila.

Est-ce aussi pour venger la vertu de sa femme ?

Excellente plaisanterie! M. Hugo a manqué sa vocation; quand il voudra, M. Scribe sera bien chétif auprès de lui.

Don Guzman de Lara, mécontent, qui réclame
Le collier de votre ordre.

　　　　　Ah ! Guzman de Lara !
Si ce n'est qu'un collier qu'il lui faut, il l'aura.

De plus fort en plus fort.

Le bourreau peut compter sur mon aide au besoin.

Touchante occupation! Don Carlos n'est pas de la force de Hernani pour le style pastoral; du reste, don Carlos parle dans cette scène comme s'il était chez lui; nous savons cependant qu'il est dans un caveau prêté par l'électeur de Trèves.

Vanité! vanité! tout n'est que vanité!
Dieu seul et l'empereur sont grands.

La Bible et le Koran sont mis ici à contribution par un homme qui ne savait pas le latin; et qui devait, à plus forte raison, ignorer l'arabe et l'hébreu. On pourrait dire de M. Hugo ce que disait Petit-Jean de sa partie adverse : Ce qu'il trouve, il le prend; et

puis : *Gaudeant bené nati* (ou *nantis*, avec la variante
de Beaumarchais).

Mais écrasons d'abord ce ramas qui conspire.

On voit que, lorsque M. Victor Hugo veut écrire no-
blement, il n'a besoin de puiser que dans son propre
fond ; et que, si ses vers sont souvent de l'hébreu
pour le commun des lecteurs, c'est qu'il le veut bien.

SCÈNE II.

DON CARLOS, seul.

Tous les journaux ont parlé avec tant de détail du
monologue de don Carlos, devant le tombeau de
Charlemagne, que je prierai de me permettre de
passer à la troisième scène.

SCÈNE III.

(Les Conjurés.)

DON GIL TELLEZ GIRON.

                                    Dans la tombe,
Amis, jetons la tête, et la couronne y tombe.

C'est difficile, puisque don Carlos n'a pas encore
cette couronne ; au reste, il faut pardonner à don
Giron son vote un peu brutal ; il a encore à cœur
l'aventure de madame Giron. Remarquez, en pas-
sant, avec quel tact exquis M. Hugo lui donne le
prénon de don Gil.

Prions.

Puisqu'il a plu à M. Hugo de mettre en latin les mots

d'ordre et de ralliement des conjurés, je lui conseille
de mettre *oremus* dans la seconde édition.

Le reste de cette scène est un débat curieux entre
Hernani et don Ruy, qui lui offre tout ce qu'il pos-
sède, et même le fameux cor, pour qu'il lui cède le
droit que le sort vient de lui donner d'immoler don
Carlos ; Hernani n'écoute rien, et don Ruy remet
tranquillement son cor à sa ceinture, sans penser
qu'il aura rarement l'occasion d'en faire un meilleur usage.

La scène se termine par trois coups de canon ; on
dirait des trois coups du régisseur.

SCÈNE IV.

Les mêmes, DON CARLOS.

DON CARLOS.

Messieurs, allez plus loin, l'empereur vous entend !

Ceci a été dit, mot pour mot, dans une circonstance
semblable par l'empereur Pierre-le-Grand :

Ce qu'il trouve, il le prend.

DON CARLOS.

Vos torches flamboyaient sanglantes sous ces voûtes ;
Mon souffle a donc suffi pour les éteindre toutes.

Quel souffle ! Oserai-je prendre la liberté grande de
n'être pas entièrement satisfait de la rime de ces
deux vers ?

DON CARLOS.

Connétable d'Espagne,
Amiral de Castille, ici ! désarmez-les !

Un connétable, un amiral, transformés en bons
gendarmes ! O temps ! ô mœurs !

SCÈNE V.

Les mêmes. LE DUC DE BAVIÈRE, LE ROI DE BOHÈME.

DON CARLOS

J'irai remercier le collège en rentrant.

Touchante affabilité! On ne m'a pas dit que M. Dudon en ait fait autant....

DON CARLOS.

Allez! j'irai moi-même.

On disait à un provincial: Voilà le roi qui se promène. Comment! s'écria-t-il tout émerveillé; le roi se promène lui-même!...

SCÈNE VI.

Les mêmes. DONA SOL.

DONA SOL

J'ai toujours son poignard!

BLANVAL.

Mon amie!

Quelle douce sympathie! J'en pleure de tendresse, moi infirmier, habitué par état à regarder d'un œil sec les opérations les plus douloureuses. Quelqu'un m'a assuré que dans cet endroit on avait vu quelques parapluies ouverts au parterre. Il fallait qu'ils appartinssent à quelques amis de la maison; car à quoi servirait le bureau des cannes?

DON CARLOS, aux conjurés.

Silence, tous!

Je puis affirmer, sur l'honneur, qu'aucun des conjurés n'a encore ouvert la bouche, à ma connaissance.

DON CARLOS, *toujours aux Conjurés.*

Que venait-on faire ici ? Parlez ?

La question est au moins oiseuse, puisqu'il a commencé par leur dire :

Messieurs, allez plus loin, l'empereur vous entend.

M. Castil Blase, dit-on, se propose d'arranger ce vers sur un air de la *Dame blanche*.

HERNANI, *agitant un poignard.*

Nous rendions à César ce qu'on doit à César.

Le sens de ces paroles m'a l'air un peu détourné ; mais le seigneur Hernani nous a suffisamment prouvé qu'il était ignare et point lettré.

DON RUY.

Les rois Rodrigue font les comtes Julien.

Le comte Julien se vengea d'un roi qui avait violé sa fille ; mais ce roi se nommait Vitiza, et non Rodrigue. M. Hugo est d'autant moins excusable que le vers y serait en mettant Vitiza à la place de Rodrigue. Je l'engage fortement à le mettre dans la deuxième édition, pour l'édification des pauvres classiques qui tiennent encore à ces bagatelles-là.

DON CARLOS, *au duc d'Alcala.*

Ne prenez que ce qui peut être duc ou comte.
Le reste.....

Il me semble entendre le maître d'un étang, un jour de mi-carême, dire à ses journaliers :

Ne prenez que ce qui peut être anguille ou carpe.
Le reste.....

Ne vaut pas l'honneur d'être mangé.

HERNANI.

Je suis Jean d'Aragon , grand-maître d'Avis.

Jean d'Aragon , je le comprends ; mais grand-maître d'Avis, j'avoue que j'ai inutilement cherché cette grande-maîtrise. Un réfugié portugais m'apprend à l'instant qu'Avis est une petite ville de Portugal. Cela m'a fait tant de plaisir que je m'empresse d'en informer le public.

HERNANI.

Oui, nos têtes, ô roi ,
Ont le droit de tomber couvertes devant toi.

Ah ! c'est un brillant avantage ,
A l'échafaud s'il faut monter ,
D'avoir son chapeau sur la tête ;
On ne craint pas de s'enrhumer.

Je n'ai pas besoin de dire que je n'ai jamais pu trouver deux rimes ; mais je me ratrappe sur la mesure et sur l'expression ; du moins c'est ce que m'a dit plusieurs fois un de nos malades qui est sourd et aveugle.

DONA SOL.

Sire , ayez la pitié de nous tuer ensemble.

Je ne sais pas si dona Sol aurait le privilége de mourir la tête couverte ; je le désirerais, car jusqu'à présent elle m'a fait l'effet de l'avoir suffisamment éventée.

DON CARLOS , à don Ruy

Mon cousin, ta noblesse est jalouse ,
Je sais ; mais Aragon peut épouser Silva.

Ceux qui connaîtraient quelque empêchement à ce mariage sont obligés d'en venir à révélation, sous peine , etc

(40)

DON CARLOS.

Honneur à Charlemagne !
Laissez-nous seuls tous deux.

Il me semble qu'ils sont déjà restés passablement ensemble.

SCÈNE VII.

DON CARLOS.

Je t'ai crié : Par où faut-il que je commence ?
Et tu m'as répondu : Mon fils, par la clémence !

Ces deux vers sont beaux ; si j'étais méchant, je copierais les dix autres qui les précèdent ; mais j'ai dit ailleurs que je voulais faire mes pâques.

ACTE V.

J'étais arrivé à la page 123, et je croyais bien avoir fini ; je n'en étais pas trop fâché. Voilà que je tourne machinalement le feuillet, et que je lis : Acte cinquième. Je présume que ce cinquième acte est en l'honneur de Charles-Quint, ou Cinquième; quoi qu'il en soit, je vais l'examiner avec l'impartialité qui m'a guidé jusqu'ici.

SCÈNE Iʳᵉ.

Des seigneurs de la cour de Charles-Quint débitent pendant cette scène plus de fades quolibets qu'il ne s'en débite pendant tout le carnaval au Prado ou à la Grande-Chaumière d'hiver.

SCÈNE II.

Je ferai la même observation sur la scène deuxième,
qui a le grand mérite d'être beaucoup plus courte.

SCÈNE III.

HERNANI, DONA SOL.

DONA SOL.

Oh ! que vous êtes bon pour une pauvre femme ,
Hernani de mon cœur !....

Il faudrait plusieurs pages pour faire ressortir toutes
les grâces de ce vers et demi, j'y renonce.

HERNANI.

Je suis heureux.

DONA SOL.

Je suis heureuse.

Il y a de l'écho.

DONA SOL, souriant.

Don Juan, je reconnais le son de votre cor.

Elle a l'oreille fine.

HERNANI.

N'est-ce pas?

DONA SOL.

Seriez-vous dans cette sérénade
De moitié ?

HERNANI

De moitié , tu l'as dit.

C'est toi qui l'as nommé, me semble bien fade, com·
paré à, *de moitié, tu l'as dit.*

DONA SOL.

Te faut-il quelque chose? ordonne à ta servante.

Nous retrouvons ici les traces du style patriarcal.

SCÈNE IV.

HERNANI, seul.

Voici le doigt fatal qui luit sur la muraille !
O que la destinée amèrement me raille !

Voilà des rimes ! Classiques, tombez à genoux, et
restez-y jusqu'à ce que M. Hugo vous fasse signe;
vous y resterez long-temps.

SCÈNE V.

HERNANI, LE MASQUE.

LE MASQUE.

Que prends-tu ?

HERNANI.

Le poison.

Il me semble voir jouer à pile ou bonhomme.

HERNANI.

Revenir sur mes pas à la porte du ciel.

C'est revenir de loin.

SCÈNE VI.

Les mêmes. DONA SOL.

(Le domino se démasque ; elle pousse un cri, et reconnaît don Ruy.)

C'est du poison.

Cette exclamation est très-flatteuse pour don Ruy.

HERNANI.

J'ai promis de mourir au duc qui me sauva.

Ce n'était pas la peine.

DON RUY.

Défends-le, si tu peux, contre un serment juré.

Un serment juré est neuf.

HERNANI.

Le duc a ma parole, et mon père est là-haut.

Il doit bien s'amuser.

DOÑA SOL.

Je suis de la famille,

Mon oncle !

C'est bon à savoir.

(Elle jette le poignard, et tombe à genoux devant le duc.)

C'était bien la peine de colporter ce poignard partout avec elle, pour finir par se jeter aux genoux de celui à qui il irait si bien !

DOÑA SOL.

Je me brise aisément.... Je tombe à vos genoux.

Si vous êtes sujette à vous briser, tâchez de ne pas tomber si souvent aux genoux de tout le monde.

DOÑA SOL.

Oh ! laissez-moi parler,

DON RUY.

J'ai hâte.

C'est une bonne raison pour ne pas la laisser parler.

DOÑA SOL.

Vous voyez bien que j'ai mille choses à dire.

Je vous le disais bien.

DONA SOL, *sombre*, (ou **DONA SOLEIL**, *sombre*).

Tu veux? (*Elle boit.*) Tiens, maintenant.

Dans une pareille circonstance, quelqu'un cria du
parterre : La reine boit ! On rit, et la pièce tomba.
Je ne conseillerais pas à mon plus grand ennemi de
se permettre une telle plaisanterie, sans la permis-
sion de M. Mouchette.

N. B. M. Mouchette est le vénérable chef des che-
valiers du lustre. On trouverait difficilement un nom
plus propre.

DON RUY.

Ah ! c'était donc pour elle.

Si don Ruy est tant soit peu amateur, il doit crain-
dre qu'il n'en reste plus pour lui.

DONA SOL.

Ne te plains pas de moi, je t'ai gardé ta part.

Charmante attention !

HERNANI, *prenant la fiole.*

Dieu !

DONA SOL.

Tu ne m'aurais pas ainsi laissé la tienne,
(Avec un solécisme.)
Toi !... Tu n'as pas le cœur d'une épouse chrétienne.

Quelle épouse chrétienne, qui avale une demi-tasse
de poison comme un petit verre de cacis !

HERNANI.

Hélas ! qu'as tu fait, malheureuse ?

DONA SOL.

C'est toi qui l'as voulu.

George Dandin.

Dona Sol, se jetant sur Hernani, récite huit vers qui ne valent pas, selon moi, cette allocution pathétique, si connue :

N'bois pas ça, Cadet, mon fils ; c'est d'la poison...

Je passe quelques petits détails d'agonie ; je vois mieux que cela bien souvent dans ma salle.

DON RUY.

Morte !.... Oh ! je suis damnée.

(Il se tue.)

Et de trois,

N-i, ni,
C'est fini.

———————

Je serais trop heureux si ces réflexions pouvaient tomber entre les mains de quelques jeunes gens, au sortir du collége, et les détourner, s'il en était encore temps, de s'engager dans une route où M. Victor Hugo s'est si complètement égaré, malgré son beau talent. Je m'engage à traiter son premier bon ouvrage comme j'ai traité celui-ci ; je veux dire que je ferai tous mes efforts pour en faire admirer les beautés, comme j'ai fait tous mes efforts pour signaler les ridicules de Hernani. Je désire de tout mon cœur que M. Victor Hugo me fasse bientôt reprendre la plume ; mais si nous ne devons plus voir que des drames comme Hernani, je m'écrierai, dans ma

douleur : Delille, Chénier, Ducis, Fontanes, Mille-
voie! que vous êtes heureux d'être morts avant d'a-
voir vu l'abomination de la désolation dans le temple
des muses! et je dirai aussi avec Luther :

Invideo quia quiescunt.

POST-FACE.

—

J'AI fait tirer cinq cents exemplaires de ce petit
ouvrage. Les élèves du collège royal de Henri-Quatre
en ont retenu quatre cent quatre-vingt-dix-neuf;
j'en ai promis un à ma femme, et j'ose me flatter de
me voir réimprimer. Si mon attente n'est pas trom-
pée, je verrai avec plaisir que le public ne sera pas
désappointé, cette fois-ci, par ces mots : Deuxième,
troisième édition, qui l'ont si souvent abusé.

FIN.

www.ingramcontent.com/pod-product-compliance
Lightning Source LLC
LaVergne TN
LVHW052150080426
835511LV00009B/1781